スクール鬼ごっこ

鬼ごっこはスポーツだ

一般社団法人
鬼ごっこ協会【著】

いかだ社

はじめに
鬼ごっこはスポーツの原点

　鬼ごっこには、スポーツに必要とされる要素がたくさん詰まっています。逃げ回るとき、追いかけ回すとき、仲間同士で協力して鬼から逃げるとき。自分の役割や場面によって、体の動作は変わってきます。

　チームスポーツ（サッカー、バスケットボールなど）では、仲間とのコンビネーションや相手のスキを突く「おとり作戦」が大切になります。たとえば「陣取り鬼ごっこ」で陣を獲得するための作戦は、スポーツにも生かすことができます。

　個人スポーツ（陸上、卓球、バドミントンなど）では、素早い動きやフットワークなどが必要ですが、鬼ごっこで遊ぶうちに細かいフットワークや走力が自然と身についていきます。

　鬼ごっこのよい点は、スポーツ以上に、楽しみながら体力づくりができることにあります。

もくじ

はじめに——鬼ごっこはスポーツの原点…………2
陣取り鬼ごっこをマスターする…………4
鬼ごっこが楽しくなるための影練…………5
鬼ごっこで仲間づくり、コミュニケーション…………6
鬼ごっこで体力アップ！…………7
鬼ごっこの達人になるための10か条…………8
チーム分けいろいろ…………8

★は難易度を表しています

★
- リレー鬼…………10
- 背中タッチ鬼…………12
- ドンじゃんけん…………14
- 通り抜け鬼…………16

★★
- じゃんけん鬼…………18
- しっぽ取り…………20
- ライン鬼…………22
- スキップ鬼…………24
- ダンス鬼…………26

★★★
- ボール当て鬼…………28
- 釜鬼…………30
- 缶けり…………32
- 田んぼ…………34
- ネコとネズミ…………36
- 囲い鬼…………38
- 対戦型しっぽ取り…………40
- 対戦型子とろ子とろ…………42

★★★★
- 六虫…………44
- 巴鬼…………46
- アスレチック鬼…………48
- ひまわり…………50
- 宝取り鬼…………52
- 宝集め…………54
- 宝探し鬼ごっこ…………56

★★★★★
- Sケン…………58
- 戦略鬼…………60
- 巴陣取り…………62

3

陣取り鬼ごっこをマスターする

　陣取り鬼ごっこは、特定のエリアを決め、チーム同士が対戦形式で行ない、陣地を取り合う遊びです。代表的なものに「缶けり」(p32)「ひまわり」(p50)「Sケン」(p58)などがあります。

　陣を取るためには、「一人の力では相手に勝つことはできない」ことが、上達するための大きなヒントになります。上達のための第一歩は、チームの仲間と作戦会議をして、自分たちの得意なところを考えてから、相手にどう攻めこめば弱点を突けるかを考えることが大切です。そして実際に試合になってからは、チームの仲間と協力して、ときには自分が「おとり」になってわざとつかまり、仲間に陣を取りにいってもらうことも考えられます。

　また、陣取り鬼ごっこは相手チームがいて初めてできる鬼ごっこです。相手チームともケンカをしないで仲よく、楽しく取り組むことも大切です。

鬼ごっこが楽しくなるための影練

　鬼ごっこが楽しくなるように、影練を紹介します。影練とは、鬼ごっこがうまくなるための自分でできる練習方法です。
　学校の休み時間や放課後の時間、お休みの日に、友だちや家族と一緒になって、ときには一人でも、鬼ごっこがうまくなって楽しくなるために練習をしてみましょう。練習といっても、この本に書いてある鬼ごっこのどれかを選んで、とにかくたくさん遊んでみるだけです。
　紙とエンピツを用意して、鬼からの逃げ方や子のつかまえ方を考えて書き、みんなで作戦会議をするのもいいでしょう。作戦名まで考えたら、作戦のイメージがより広がって、いっそう楽しい鬼ごっこができるかもしれません。
　遊ぶ場所も、学校の校庭だけではなく公園や、自然の木が生えていて、地面の凹凸があるところで遊んでみるのもいいでしょう。遊び場所に合わせて作戦を考えることで、逃げたりかくれたりするための新しいアイデアが浮かぶかもしれませんよ。

鬼ごっこで仲間づくり、コミュニケーション

　かくれんぼや氷鬼など、鬼ごっこを友だちと遊ぶときに、お互いにコミュニケーションをとることでさらに楽しいものになります。コミュニケーションには2種類あります。

1　言葉を使うこと
2　ジェスチャーをすること

　言葉のコミュニケーションは、たとえば氷鬼をしているとき、鬼につかまってから静かに黙っていたら、逃げている他の子が気づかず助けてくれないかもしれません。しっかりと協力を求めて「助けてー！」と声をかけると、仲間が気づいて助けてくれるようになります。逆に、「鬼があっちから来たぞ！」とお助けをしてあげると、仲間は喜んでくれます。

　また、言葉だけでなくジェスチャーで（自分の手足など体で表現して）助けを求めることもできます。表現をすることは、気持ちを明るくしてくれ、元気な体づくりのためには欠かせません。

　鬼ごっこをするときは、必死に言葉も体も使って楽しみましょう。

鬼ごっこで体力アップ！

　鬼ごっこは、鬼から逃げて走り回り、障害物を跳びこえ、ときには後ろ向きに歩き、左右にステップを踏み、しゃがみこんで茂みにかくれたりと、いろいろな動き方をして遊びます。
　小学校では全国体力テスト（文部科学省所管）が各地で実施されていますが、つい最近の鬼ごっこ協会の調査で、鬼ごっこをすることで体力がアップすることが証明されました。いろいろなステップを踏むことで反復横跳びがたくさんできるようになったり、遠くにボールを投げられるようになったことがわかったのです。他のテストも、とてもよいデータがでています。
　運動があまり得意でなかった子も、鬼ごっこで楽しく遊んでいると、知らないうちに体力がアップしています。友だちとたくさん鬼ごっこをして、みんなで一緒に体力アップをめざそう！

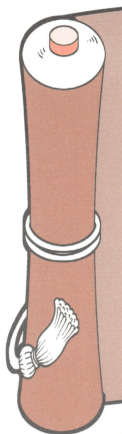

6条 鬼のスキをつくべし

7条 鬼に気づかれないように気配を消すべし

8条 最後まで勝負をあきらめてはいけない

9条 友だちと助け合う気持ちを持つべし

10条 鬼も子も親も、みんなで仲よく楽しむべし

チーム分けいろいろ

2つ以上のチームに分かれる鬼ごっこで遊ぶとき、チームを分けるやり方の例です。

① 数字で決めよう

1列に並び、決めたいチームの数だけ順に「1、2、3」「1、2、3」と言っていきます。同じ数字の人同士でチームになります。

② グーチョキパーで

グー、チョキ、パーをそれぞれが自分で決め、みんなでいっせいに出して、同じものを出した人とチームになろう。

鬼ごっこの達人になるための10か条

1条 鬼ごっこを誰よりも一番に楽しむべし

2条 仲間と協力して勝負するべし

3条 おもしろい作戦を立てるべし

4条 鬼ごっこのための影練をたくさんするべし

5条 鬼も全力で子を追いかけるべし

③ 好きなもの決め

好きなもの（動物や食べ物など）を決めて、それぞれが自分の好きなものを選んでチームを作ろう！

④ 誕生月決め

それぞれの誕生月を出し合って、近い誕生月の人同士でチームを組んでみよう。

人数 2チームに分ける

リレー鬼

✳✳✳✳✳✳✳✳✳✳✳✳✳✳✳✳✳✳✳✳✳✳✳✳✳✳✳

リレー形式でおたがいに相手を追いかける鬼ごっこ。
運動会の前に遊びながらトレーニングできるね。

基本の遊び方

鬼始め●審判役が「よーいスタート」の合図

① 陸上のトラックのような線をかきます。
② 2チームに分かれ、走る順番を決めます。
③ トラックの2か所に各チームがならび、審判の合図でスタートします。
④ リレー形式で行ない、相手チームに追いついてタッチした方が勝ち。
⑤ 勝負がつかない場合は引き分けです。

❶ 前を走る相手にタッチするというはっきりした目標があるので、自然と思いきり走ることができます。

アレンジ 1 ３チームで

コースを均等に分けて３チームでやってみよう。低学年のチームにはハンデをつけてあげるのもいいね。

アレンジ 2 コースの形を変える

円だけでなく、走るコースをいろいろな形にしてやってみよう。

角やカーブではスピードのコントロールが大事！

いろんな形でできるよ

気をつけよう
- タッチはやさしく。押したり強くたたかないようにしよう。

低学年や幼児と遊ぶときは
- 大人（高学年）も入ってあげましょう。
- 距離を短くするなどハンデをつけてもよいでしょう。

| 人数 | 2人ひと組 |

背中タッチ鬼

****

2人でできる鬼ごっこ。
左右にステップして、相手のタッチをよけながら
背中にタッチしよう。

基本の遊び方

鬼始め● 2人で見あって
「よーいスタート」の合図

① おたがい挨拶をしてから、どちらかの手で握手をします。
② スタートの合図で、手をつないだまま相手の背中にタッチしにいきます。
③ タッチされて終わりではなく、時間を決めて何度もタッチしにいきましょう。
④ 反対の手でもやってみよう。

最初は
こうなりがち

いっせいに
やると
盛り上がるよ

レベルアップ
① 手を引いたりゆるめたり、フェイントも入れて相手のバランスをくずそう。
② タッチするだけでなく、タッチされないように相手をよく見て動こう。

アレンジ 1 座ってやる

イスに座り、手をつながずにやってみよう。

アレンジ 2 ルールいろいろ

- いろいろな相手とやってみる
- ももの裏など別の場所タッチにすると、ちがった動きができておもしろい
- つなぐ手をかえてみる（右手と左手など）

気をつけよう
- あまり強く引っぱりすぎないようにしよう。
- ただ回るだけだと目が回ってしまうよ。

低学年や幼児と遊ぶときは
- 手をつないでおたがいタッチしあうだけでよいでしょう。

背中タッチ鬼

人数 2チームに分ける

ドンじゃんけん

****

2チームがじゃんけんをしながら相手の陣地を取りあいます。
じゃんけん勝負だから、体が小さくても勝ち進んでいけるぞ。

基本の遊び方　　鬼始め● リーダーの合図でスタート

① 2チームに分かれます。
② 1本の線をかき、その両端に各チームがならびます。

③ スタートの合図で先頭の人が出ていき、お互いがぶつかるところで手を合わせ、「ど〜ん、じゃんけんぽん」のかけ声でじゃんけんをします。

④ 勝った方は前に進み、負けた方は列の後ろにもどり、次の人がスタートします。

⑤ こうして相手の陣地まで先にたどり着いた方が勝ちです。

レベルアップ

❶ じゃんけんに負けたら「負けたー」と声を出して、次の人がすぐスタートできるようにしよう。

❷ カーブでスピードをゆるめたり直線でスピードアップしたり。線から出ないようにバランスをうまくとろう。

アレンジ 1
いろいろな線で

曲線や角を加えるなど、さまざまな線をかいてみよう。途中に障害物などを置くのも楽しいね。

線から出たらアウト！

ドンじゃんけん

気をつけよう
- 「どーん」のときに強く押しすぎないようにしよう。

低学年や幼児と遊ぶときは
- シンプルな線でやるとよいでしょう。

| 人数 | 鬼：複数　子：複数 |

通り抜け鬼
****

鬼が横にならんでいます。
子はその隙間を突いて向こう側に通り抜けられるでしょうか！
ハラハラドキドキの鬼ごっこです。

基本の遊び方

鬼始め●鬼の合図でスタート

① 線を1本ひき、その上に2～3人の鬼が横にならびます。鬼は線の上しか移動できません。
② 子は鬼にタッチされないように、線の向こう側に通り抜けます。
③ 鬼にタッチされた子は、元にもどってまたチャレンジします。

線の上を横歩き

しっかり通せんぼ

通り抜ける　いくぞ！　どこを通ろうかな？

レベルアップ
① 子は協力して、通る隙間をつくろう。おとりになって鬼を引き寄せる作戦も。
② 鬼も声をかけあい、片方に寄り過ぎないように、しっかりサイドステップして道をふさごう。

アレンジ 1

ルールいろいろ
● 鬼の数をだんだんふやしていくと、難易度が上がってより楽しくなるよ
● 線を長くしてもいいね

気をつけよう
● 密集しているので、押したりぶつかったりしないようにしよう。

低学年や幼児と遊ぶときは
● 大人（高学年）が鬼をやるとスムーズにできるでしょう。

人数 2人ひと組

じゃんけん鬼

2人でできるかんたんな鬼ごっこです。
じゃんけんに勝った方が逃げ、負けた方が追いかけます。

基本の遊び方

鬼始め ● じゃんけんでスタート

① 2人ひと組でじゃんけん。
② 勝った方は子となって逃げ、負けた方は鬼となって追いかけます。ただしどちらも早足です。

大勢でやろう

早足でだよ

③ タッチをしたらその場で立ち止まり、またじゃんけん。これをくり返します。

くりかえし

❶ じゃんけんから瞬時に「追いかける」「逃げる」を判断するので、瞬発力が身につくよ。
❷ 他の人をうまく生かしながら逃げよう（アレンジ2を見てね）。

アレンジ1 逆でやってみる

ルールを逆にしてやってみよう。勝った方が追いかけ、負けた方が逃げます。

アレンジ2 逃げるヒント

まわりにいる人たちを壁のようにして逃げるのもいいね。

気をつけよう

● 大勢がいっせいに動くとぶつかりやすいので、まわりをよく見よう。

低学年や幼児と遊ぶときは

● 大人（高学年）も入ると、臨機応変にできてやりやすいでしょう。

| 人数 | 鬼：1人〜　子：複数 | 用意するもの | 手ぬぐいやタオル×人数分 |

しっぽ取り

タッチのかわりにしっぽを取ります。
ルールを変えたりハンデをつければ、全学年で楽しめるよ。

基本の遊び方

鬼始め ● 鬼が10数えたらスタート

① 鬼と子を決めたら、子は全員しっぽをつけます。
② 鬼はしっぽを取りにいき、子は取られないように逃げます。
③ しっぽを取られた子は座ります。
④ 時間内に何本のしっぽを取れたかを競いましょう。

タッチではなく
しっぽを取ろう

レベルアップ

❶ 大丈夫と思ったら取られたり。タッチとしっぽ取りでは距離感がちがいます。取られないように工夫しながら逃げよう。
❷ 動くしっぽをつかむのは意外とむずかしい。よーく動きを見てね。

アレンジ 1　しっぽをふやす

つけるしっぽの数をふやしてみよう。何本取れるかな。低学年は多めにつけ、高学年はしっぽを長くするなどのハンデもいいね。

アレンジ 2　ルールいろいろ

● 鬼をふやす
● しっぽの補給場所をつくり、取られた子が復活できる
● 鬼を決めず、全員が他の人のしっぽを取りにいく　などいろいろ楽しめるよ！

気をつけよう

● まわりをよく見てぶつからないように楽しもう。
● 範囲を決めてやろう。

低学年や幼児と遊ぶときは

● しっぽを腰でなく背中につけてあげるのもよいでしょう。
● 大人（高学年）が鬼になり、楽しく逃げられるように追いかけてあげましょう。

| 人数 | 鬼：6人　子：複数 |

ライン鬼

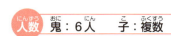

「通り抜け鬼」（p16）のレベルアップ版です。
体をくねらせてかわしたり、巧みなステップで鬼のタッチを次々かいくぐろう。

基本の遊び方

鬼始め●鬼の合図でスタート

① 3本の線を平行にひき、線の上に鬼が2人ずつならびます。鬼は線の上しか移動できません。
② 子は鬼にタッチされないように、線の向こう側に通り抜けます。
③ 鬼にタッチされた子は、元にもどってまたチャレンジします。

レベルアップ
❶ 鬼を引き寄せて隙間をあけるなど、子のチームワークがとても大切。
❷ 鬼も声をかけあって、片方に寄り過ぎないように力を合わせよう。

アレンジ 1
2チーム対抗戦

2チーム対抗で、だれかが通り抜けるまでの時間を計り、競争してもおもしろいよ。

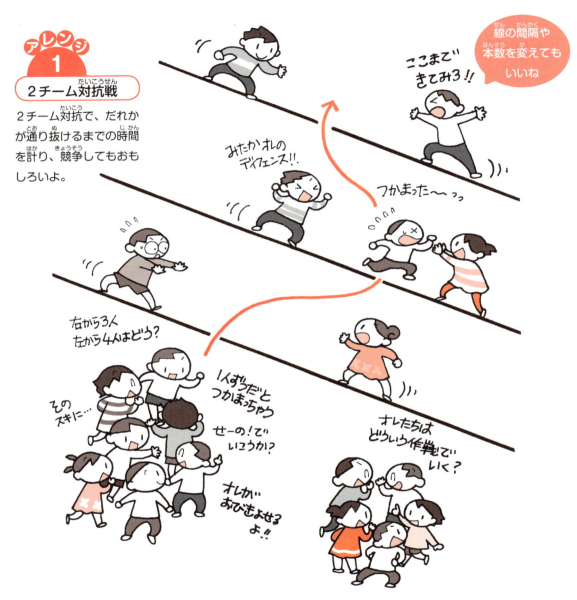

線の間隔や本数を変えてもいいね

ライン鬼

気をつけよう
● 密集しているので、押したりぶつかったりしないようにしよう。

低学年や幼児と遊ぶときは
● 鬼の数を少なくするとよいでしょう。

| 人数 | 鬼：1人〜　子：複数 |

スキップ鬼

みんなスキップで鬼ごっこ。
見た目はかわいいですが、けっこう体力を使うんです。
体のバランスをうまくとりながら追いかけっこをしましょう。

基本の遊び方

鬼始め● 鬼が10数えたらスタート

① 鬼と子を決めます。
② 鬼は子を追いかけ、最初にタッチされた子が鬼を交代します。
③ ただし、鬼も子もスキップしかしてはいけません。

バランスを
うまくとろう

走ったら
アウト

❶ スキップが苦手な子は多いです。遊びながらスキップの動作をおぼえましょう。

アレンジ1 鬼をふやす

鬼の数が変わると難易度が上がります。鬼をふやしてみよう。

アレンジ2 休憩所をつくる

スキップし続けるのはつかれるので、休める島をつくるのもいいね。

気をつけよう
● 走る人がいると危ないので、スキップをしっかり守ろう。

低学年や幼児と遊ぶときは
● スキップがむずかしい場合は、早歩きから始めてみましょう。

| 人数 | 鬼：1人　子：2人 |

ダンス鬼

有名な遊び「子とろ子とろ」の少人数バージョンです。
2人が協力しあって逃げる姿が
まるでダンスを踊っているようです。

基本の遊び方

鬼始め●子2人がタイミングをとって スタートの合図

① 子が2人向かいあって両手をつなぎます。
② 図のように、鬼はBの背中にタッチしにいきます。Aは鬼に背を向けて、壁になってBを守ります。
③ 時間を決めて、何回でもタッチしにいきましょう。

2人の呼吸を合わせて！

① 鬼が見えるBが声を出して、手でリードしてあげるとよい。AはBの目を見つつ、背中で鬼の気配を感じ取って積極的に動こう。
② 鬼はフェイントをまぜて2人を揺さぶろう。

タッチする場所を変える　腰やももなど、背中以外の場所にタッチしてみよう。

気をつけよう
● 手を離したりころばないようにね。強く振り回さないこと。

低学年や幼児と遊ぶときは
● 背中にタッチしあうことをまずは楽しみましょう。

| 人数 | 鬼：1人〜　子：複数 | 用意するもの | ソフトバレー用のボールなど |

ボール当て鬼

****

ボールを使った鬼ごっこ。
ボールを当てられると鬼を交代します。
少し離れたところの人もつかまえられるね。

基本の遊び方

鬼始め ● 鬼が10数えたらスタート

① 鬼と子を決めます。
② 鬼はボールを持ち、逃げている子に当てます。
③ 当たったら鬼を交代します。
④ キャッチするのはセーフ。その場にボールを置いてまた逃げよう。
⑤ 時間を決め、これをくり返していきます。

> **レベルアップ**
> ❶ 鬼はボールを投げる力が身につきます。フェイントもうまく使おう。
> ❷ 子はボールをよく見て、よけたりかわしたりしよう。

アレンジ 1
鬼とボールをふやす

鬼もボールも数をふやしてやってみよう。難易度がぐーんと上がります。

気をつけよう
- 硬いボールはあぶないので使わないこと。
- 顔をねらわないようにしよう。

低学年や幼児と遊ぶときは
- ビーチボールなどやわらかいボールでやりましょう。

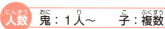

| 人数 | 鬼：1人〜　子：複数 |

釜鬼

****

円の中（釜）に自分の片方の靴を置き、
それを取りにいく鬼ごっこ。鬼にタッチされずにはいて逃げられるかな。

基本の遊び方

鬼始め●鬼の合図でスタート

① 二重の円をかきます。
② 鬼を1人決め、内側の円の中に、子の片方の靴を置きます。
③ 鬼は内側の円と外側の円の中しか動けません。
④ 子は自分の靴をケンケンで取りにいき、靴をはいて走って外に逃げます。
⑤ 靴を取る前に鬼にタッチされたらアウトですが、他の子が靴を取ってきてくれたら復活して逃げることができます。

レベルアップ

❶ 鬼をおびきよせている間に取りにいくなど協力しあおう。鬼の隙を見のがさないで。

❷ 鬼は見てないフリをして素早く動いてタッチしよう。

アレンジ 1
ルールいろいろ

- 円と円を結ぶ線を何本かひき、鬼は線の上しか動けない
- 室内なら、ケンケンしないで走ってもよい
- 鬼にタッチされたらその場で片足立ちでかたまる
- 鬼の数をふやす　など

気をつけよう
- 靴を取りにいくとき、手を踏まれないようにしよう。

低学年や幼児と遊ぶときは
- シンプルに、靴を取ってもどってくるだけにしてもよいでしょう。

| 人数 | 鬼：1人〜　子：複数 | 用意するもの | 缶（ペットボトルでもよい） |

缶けり

****

かくれんぼに「缶をける」動きをプラスした鬼ごっこ。
かくれるドキドキ、缶を守る・攻めるドキドキを味わおう。

基本の遊び方

鬼始め ● 鬼が10数えたらスタート

① 鬼を1人決め、遊び場のまん中あたりに缶を置きます。
② 子の1人が缶をけったら、子はいっせいに逃げてかくれます。

③ 鬼は缶を拾い、元の場所に置いて10数えたら子を探します。

レベルアップ
❶ 鬼は缶からあまり離れられないので、探すのはかくれんぼよりむずかしい。缶との距離を気にしながら見つけよう。
❷ 鬼が離れた隙を見て、勇気をだして缶をけりにいこう。

④ 子を見つけたら、大きな声で「○○さん見つけた」と言って缶を踏みます。

鬼より早く缶をければセーフ。また逃げられる

⑤ つかまった子は缶の近くにならびます。
⑥ かくれている子が鬼の隙をついて缶をけると、つかまった子はまた逃げることができます。

⑦ 鬼が子を全員見つけたら鬼の勝ち。最初に見つかった子が次の鬼になります。

気をつけよう
● 使った缶はちゃんと持ち帰ろう。
● あらかじめ範囲を決めてからやろう。

低学年や幼児と遊ぶときは
● 高学年が鬼をやるとよいでしょう。
● なかなか見つけられない場合は、鬼を2人にふやしましょう。

| 人数 | 鬼：1人〜　子：複数 |

田んぼ

****

田んぼの「田」の字形のコースを回る鬼ごっこです。
鬼につかまらずに４つの部屋を２周できるかな。

基本の遊び方

鬼始め● 鬼の合図でスタート

① 地面に田んぼの「田」の字をかきます。
② 鬼を１人決め、子は全員、田の字の４つの四角の１つに入ります。
③ 鬼は田の字の「十」の線の上に立ち、ここしか動いてはいけません。
④ 子は鬼にタッチされないように、時計回りに四角の部屋を１つずつ進み、２周回れたら上がりです。
⑤ タッチされた子は外に出るか、いっしょに鬼になって続けます。

❶ 鬼をおびきよせた隙に動いたり、時間差で移動するなど、子は力を合わせよう。
❷ 鬼は巧みなサイドステップで子を追いつめよう。

ルールいろいろ
- 鬼の数をふやす
- 「十」の部分を太くしたり「田」の字を大きくする
- 逆回り、ケンケンでやってみる　など

田んぼ

外に出たらアウト

気をつけよう
- せまいエリアで動くので、ぶつからないようにしよう。

低学年や幼児と遊ぶときは
- 子に対して鬼は少なめ、スペースは広めでやるとよいでしょう。

| 人数 | ネコ：1人〜　ネズミ：1人〜　壁：複数 |

ネコとネズミ

****

ネズミとネコの追いかけっこ。
みんなで協力してネズミを助けよう。ネコもたまには助けてもらえます。

基本の遊び方

鬼始め ● 壁のだれかの合図でスタート

① ネコとネズミを1人ずつ決めます。他の人は手をつないで輪になり壁をつくります。

② ネコは壁の外に立ち、子は壁の内側に立ったところからスタート。

③ ネズミは壁のまわりを逃げます。

④ 壁の人はネズミがつかまらないようにネコの邪魔をして、ネズミを壁の外へ逃がしたり、内側に入れてやったりします。

⑤ 時間内にネコがつかまえるかネズミが逃げきれるかで争います。

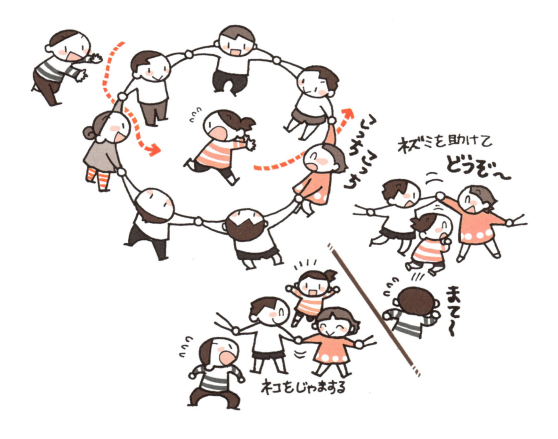

❶ 壁役の人は協力してネズミを助け、ネコの侵入をふせごう。
❷ ネズミが速い場合は、壁役の人がときにはネコを助けて、輪を通してあげることも必要です。

アレンジ 1
数をふやす

ネズミまたはネコを2人にしてやってみよう。

アレンジ 2
壁を二重にする

人数が多ければ、二重の輪にしてネコとネズミをそれぞれ2人にしてやってみよう。

気をつけよう
● ネコもネズミも、壁の人に勢いよくぶつからないようにしよう。

低学年や幼児と遊ぶときは
● 遠くへ行かないように範囲を決めてやろう。

| 人数 | 鬼：複数（子より多い人数）　子：複数 |

囲い鬼

****

手をつないだ鬼が子を囲んでつかまえます。
大きな生きものに追いかけられてるみたい。迫力があり盛り上がります！

基本の遊び方

鬼始め●鬼が10数えたらスタート

① 鬼と子を決めますが、鬼の数を子の数より多くします。
② 鬼はみんなで手をつなぎ、子を囲むようにしてつかまえます。
③ つかまった子は鬼になり、一緒に他の子をつかまえにいきます。
④ 時間を決めて、時間内に全員つかまえたら鬼の勝ち。逃げきれば子の勝ち。

レベルアップ
❶ 鬼は団体で動くので、協力しあわないとうまく動けません。声をかけあおう。
❷ 逆に子は、素早い動きで鬼をかわして逃げよう。

アレンジ1

手をつながない

「追いかけるとき鬼は手をつないでいなくてもよい」とすると、つかまえやすくなります。

気をつけよう
● 走っているときにぶつからないように、まわりをよく見よう。

低学年や幼児と遊ぶときは
● 鬼の数をさらに多くして始めるとよいでしょう。

囲い鬼

39

| 人数 | 2チームに分ける | 用意するもの | 手ぬぐいやタオル×人数分 |

対戦型しっぽ取り

✳︎

「しっぽ取り」（p20）のチーム対抗戦です。
取られないように取りにいこう。助けあうチームワークが大事！

基本の遊び方

鬼始め● どちらかのリーダーの合図でスタート

① 2チームに分け、全員がしっぽをつけます。
② スタートの合図で相手チームのしっぽを取りにいきます。
③ しっぽを取られた人はアウト。味方を応援しましょう。
④ 時間内にどちらが多くしっぽを取れたかで勝敗を決めます。

レベルアップ
❶ 逃げ回るだけでなく取りにいくことが大切です。取られにくい動きを工夫しながら積極的に取りにいこう。
❷ 相手を挟み打ちにするなど、チームで協力しあおう。

アレンジ 1

チームをふやす

チーム数をふやして3チームや4チーム対抗でやるのも楽しいよ。

気をつけよう
- しっぽはちゃんと相手に見えるように出しておこう。
- 範囲を決めてやろう。

低学年や幼児と遊ぶときは
- 全員がしっぽをつけた状態で「しっぽ取り」(p20)から始めるとよいでしょう。

対戦型しっぽ取り

| 人数 | 2チームに分ける |

対戦型子とろ子とろ

✳✳✳✳✳✳✳✳✳✳✳✳✳✳✳✳✳✳✳✳✳✳✳✳✳✳✳

もっとも古い鬼ごっこ「子とろ子とろ」のチーム対抗戦バージョンです。
鬼と子にプラス「親」という役割が登場します。

「子とろ子とろ」の遊び方を知ろう

① 鬼を1人決め、子は列になり前の子の肩をつかみます。子の先頭を「親」といいます。
② 鬼は列の一番後ろの子にタッチしにいきます。
③ 親は両手を広げて鬼のじゃまをして、移動しながら子を守ります。
④ タッチされたら、親が次の鬼になって続けます。

基本の遊び方

鬼始め● 鬼と親のやり取りが終わったらスタート

① 2チームに分かれ、チームで鬼役を決めます。他の人は子になります。
② リーダー同士がじゃんけんをし、先攻後攻を決めます。（例：Aチームが先攻）
③ Aチームの鬼がBチームの子をつかまえます。時間を決めてやろう。
④ 1回ごとにチームを交代して続けます。
⑤ 何回戦かやり、どちらが多く子を守れたかで勝敗を決めます。
● 1回戦ごとに鬼と親を代えてもよい、としてもいいね

レベルアップ
❶ なんといっても親と子のチームワークが大切。声をかけたり、動きを予測して動こう。
❷ 鬼は素早い身のこなしで列を乱そう。フェイントをかけた動きも効果的！

アレンジ 1

ルールいろいろ
● チーム数をふやして大会形式にしてもおもしろい
● 列の長さを変えてみよう

気をつけよう
● ころばないように前をしっかり見よう。

低学年や幼児と遊ぶときは
● 全員が鬼をやってから始めるとスムーズにいきます。

| 人数 鬼：2人〜 子：複数 | 用意するもの | ソフトバレー用のボールなど |

六虫

地域によってさまざまなルールのある鬼ごっこ。
ボールに当たるのはコワイけど、協力しあって勇気をだして飛びだそう！

基本の遊び方

鬼始め● 鬼の合図でスタート

① 10mくらい間隔をあけて、2つの円を地面にかきます。
② 鬼を2人決め、ボールを持ちます。子は全員が片方の円に入ります。
③ 子は鬼にボールを当てられずに1人でも円を6往復できれば勝ち。
④ 鬼は子が6往復する前に全員にボールを当てれば勝ちです。
⑤ 子は往復するたびに「一虫、二虫、三虫、四虫、五虫、六虫」と言います。

レベルアップ

❶ 鬼はフェイントをかけて子をおびきだすなど、投げる人・キャッチする人が協力しあうことが大事。

❷ 円から飛びだせない子もいます。だれかがおとりになって鬼を引きつけたり、一緒に走るなどして力を合わせよう。

アレンジ 1 ルールいろいろ

● 学年に合わせて往復する回数を変えるのもいいね
● 円の大きさや距離を変えてみよう
● 鬼の数をふやして、配置も工夫するとおもしろくなるよ

気をつけよう
● ボールは当たっても大丈夫なやわらかいものを使おう。
● 顔をねらわないようにしよう。

低学年や幼児と遊ぶときは
● シンプルに、ボールをよける遊びから始めるとよいでしょう。

| 人数 | 鬼：3チームに分ける | 用意するもの | 赤白帽またはビブス×人数分 |

巴鬼

3チームがじゃんけんのような関係で追いかけます。
とてもゲーム性のある鬼ごっこです。

基本の遊び方

鬼始め ● リーダーの合図でスタート

① 3チームに分かれ、帽子で色分けします（赤・白・かぶらない）。
② A→B→C→Aのように鬼ごっこをします。
③ タッチされたらその場で止まり、味方がタッチすると復活できます。
④ 時間を決めてやり、残った人数の多いチームが勝ちです。

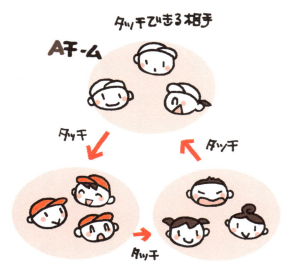

❶ 全員が鬼であり子でもあります。どのチームを追いかけ、どのチームに追われるか、常に意識しながら動こう。
❷ つかまった子は助けを求めるなど、チームで声をかけあおう。

アレンジ 1
チーム数をふやす
人数が多ければ4チームでやってみよう。

気をつけよう
● まわりをよく見てぶつからないようにしよう。

低学年や幼児と遊ぶときは
● 2チームで始めるとよいでしょう。

| 人数 | 鬼：1人〜　子：1人〜 |

アスレチック鬼

2人からできる、運動量の多い鬼ごっこです。
環境をうまく利用しながら逃げよう。

基本の遊び方

鬼始め●鬼が10数えたらスタート

① 障害物の多い場所で、時間を決めてやろう。
② 鬼と子を決めます。
③ 鬼は子を追いかけ、子は障害物をうまく利用して逃げます。
④ 障害物は人が立って行なってもよい。

❶ 場所をよく見て、どう生かしながら逃げるか考えてやると楽しいよ。
❷ まわりの状況を瞬時に判断しながら行なうので、判断力や想像力が身につきます。

アレンジ 1
アイデアを出そう
障害物にするものを自分たちでいろいろ考えよう。

気をつけよう
● まわりの人や障害物にぶつからないようにしよう。

低学年や幼児と遊ぶときは
● ぶつかっても危なくない、シンプルな障害物でやるとよいでしょう。

| 人数 | 3〜5人×2チーム | 用意するもの | 宝 |

ひまわり

花びらを無事に渡りきり、
相手陣地の奥にある宝をねらえ！
陣地の中で少しくらい押されても引っぱられてもへこたれないで!!

基本の遊び方

★
★
★
★

鬼始め● 内側チームの合図でスタート

① 地面に大きな円をかいて入口を1か所つくります。円の奥に宝を置きます。
② 円のまわりに大小さまざまな花びらをかきます。
③ 3〜5人のチームを2つつくり、円の内側（守り）と外側の花びら（攻め）に分かれます。
④ 外側の人は花びらを渡りながら2周します。どちら回りでもOK。
⑤ 内側の人は、外側の人にタッチします。タッチされたら鬼になります。
●外側の人は、線を踏んだり、花びらから出たらスタートからやり直し。
⑥ 花びらを2周回れたら、入口から入って宝をねらうことができます。
⑦ 宝を取れたら外側チームの勝ち。全員を鬼にしたら内側チームの勝ち。
⑧ 内側と外側を交代して続けます。

- ❶ 線から出ないように走るのでバランス感覚が身につくよ。
- ❷ 内側のチームも外側のチームも、味方どうしのチームワークが大切です。

宝なしバージョン

宝を置かないかんたんなルールで遊んでみよう。

① 大きな円と花びらをかきます。鬼は円の内側、子は花びらに分かれます。

② 子は花びらから出たらスタートからやり直し。タッチされたら、鬼の仲間になります。

③ 花びらを3周できれば子の勝ち、全員を鬼にしたら鬼の勝ち。

気をつけよう
- 乱暴に突きとばしたり引っぱらないこと。
- 花びらに何人も入ってぶつからないようにしよう。

低学年や幼児と遊ぶときは
- 少し小さめの円でやるとよいでしょう。

| 人数 | 3〜10人×2チーム | 用意するもの | 宝　赤白帽またはビブス×人数分 |

宝取り鬼

攻めチームは宝をねらい、守りチームは宝をダンコ死守！
作戦を立てて相手の隙をねらおう。ゲーム性の高い鬼ごっこです。

基本の遊び方

鬼始め● 守りチームの合図でスタート

① バスケやサッカーのコート半面くらいの大きさの場所で行ないます。
② センターサークルの半円（約2m）に宝を置きます。
③ 3〜10人のチームを2つつくり、攻めと守りに分かれます。ただし、攻めの人数を1人多くします。
④ 攻めチームは宝を取りにいき、守りチームは両手タッチで防ぎます。
● 守りチームは円の中には入れない
● タッチされたら外に出て、エンドラインからもう一度入る
⑤ 時間（10〜20秒）を決め、宝を取るか守りきるかで勝敗をつけます。
⑥ 攻めと守りを交代して続けます。

例：守り3 対 攻め4

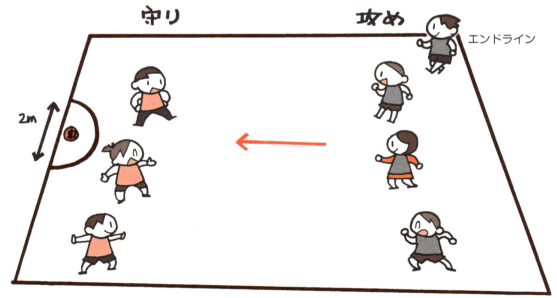

❶ 攻めも守りも、声をかけあい協力しあってやろう。
❷ 戦略が大事です。どう攻め、守るか、作戦を練ろう。

対戦ゲームをしよう

慣れてきたら、攻めと守りを同時に行なうゲーム形式にしてみよう。
● バスケやサッカーのコート全面くらいの広さ
● 両手タッチされたらろうやに入り、味方のタッチで復活できる
● 時間内に先に宝を取った方が勝ち

気をつけよう
● 動き回るので、ぶつからないようにまわりをよく見よう。

低学年や幼児と遊ぶときは
● タッチは片手でもよいでしょう。

宝取り鬼

| 人数 | 4〜5人×4チーム | 用意するもの | 宝×7つ（小さいペットボトル） |

宝集め

チーム対抗戦で、非常に盛り上がる鬼ごっこです。
4つの陣地に分かれ、7つの宝を取りあいます。
先に3つそろえたら勝ち！

基本の遊び方

鬼始め●審判の合図でスタート

① 4〜5人のチームを4つつくります。
② 正方形の角を陣地にして、各チームがならびます。
③ 中央に宝を7つ置きます。（図1）

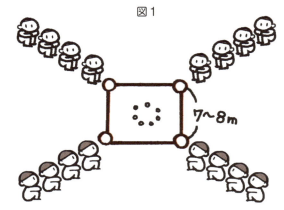

図1　7〜8m

④ スタートの合図で、各チームから1人が宝を取りにいきます。（図2）
⑤ 宝を1つ取って陣地にもどり2番目にタッチ。2番目の人が宝を取りにいきます。
⑥ 中央の宝の残りは3つなので、取れなかった人は他の陣地に取りにいきます。（図3）

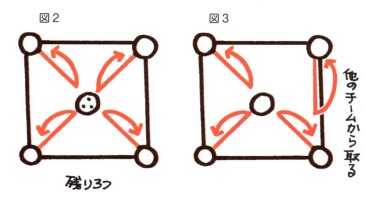

図2　残り3つ　　図3　他のチームから取る

●このとき、自分の陣地に取りにきた人を邪魔してはいけません。
⑦ 3番目からは他の陣地との取りあいになります。早く宝を3つそろえたチームが勝ちです。

❶ 自分のチームだけ見ていては勝てません。宝がそろいそうなチームから取ってくるなどしよう。
❷ チームで声をかけあい、どこがねらい目か教えてあげよう。

アレンジ 1
3色宝集め

3色の宝を7つ用意して、3色全部を集めるようにしよう。難易度が上がって楽しいよ。
● 色水をペットボトルに入れる
● シールで色分けするなど

アレンジ 2
早歩きで

早歩きでやってみてもおもしろい。また「△年生以上は早歩きで」とハンデをつけてもいいね。

気をつけよう
● 2人以上で宝を取りにいかない。
● 取りにきた人の邪魔をしない。

低学年や幼児と遊ぶときは
● 最初は大人（高学年）が手をつないで一緒にやってあげるとわかりやすい。

| 人数 | 鬼：1人〜　子：複数　宝を隠す人：1人 | 用意するもの | 宝（いくつか） |

宝探し鬼ごっこ

ぼくらはトレジャーハンター！
追っ手からのがれながら宝ものを見つけるぞ。そんな気分を味わえる鬼ごっこです。

基本の遊び方

鬼始め●鬼が10数えたらスタート

① 鬼1人、宝を隠す人1人を決め、他は子になります。
② 隠す人がエリア内に宝を隠します。
（宝はいくつでもよい）
③ スタートの合図で、子は宝を探しにいき、鬼は子をタッチしてつかまえます。
④ 時間内に宝を全部見つければ子の勝ち。途中で全員がつかまったら鬼の勝ちです。

 レベルアップ
❶ 子は鬼から逃げながら宝を探さなければなりません。注意力が大事だよ。
❷ すぐに見つからない場所に宝を隠すとおもしろい。

アレンジ1 チーム対抗戦
宝を1つ隠し、先に見つけたチームが勝ち。

アレンジ2 ポイントで争う
宝ごとに点数をつけ、合計得点の多いチームが勝ち。

気をつけよう
● 他の人に迷惑がかからないようにやろう。

低学年や幼児と遊ぶときは
● 見つけやすいところに宝を隠すとよいでしょう。

| 人数 | 3〜5人×2チーム | 用意するもの | 宝×2つ |

Sケン

****

ケンケンしながら相手陣地に攻めこみ、
宝を取りあう鬼ごっこです。
作戦会議をしてチームワークよく遊ぼう！

基本の遊び方

鬼始め● どちらかのリーダーの合図でスタート

① 地面に大きくＳ字をかき、両方の陣地の奥に宝を置きます。

② 2チームに分かれて、それぞれの陣地に入ります。

③ スタートの合図で相手の陣地を攻めます。陣地は出入口から出入りします。

● Ｓ字の中、島（安全地帯）の中では両足をついてよい。それ以外はケンケンで移動する

● 相手を押したり引いたりしてよい（やさしくね）

【アウトになるとき】

✕ 両足をつく
✕ Ｓ字を踏む、超える
✕ Ｓ字に引っぱりこまれる、または押し出される

④ 先に相手の宝を取った方が勝ち。

① だれが攻めてだれが守るか、しっかり作戦会議をして役割分担を決めよう。
② 力の弱い子を助けるなど、みんなが楽しく遊べるように力を合わせよう。

片手タッチで
押す・引っぱるかわりに、片手タッチでやってみよう。タッチされたり両足をついたら、自陣に戻って再スタートします。

気をつけよう
● 乱暴に押したり引っぱらないようにしよう。
● 夢中になりすぎてケガをしないようにね。

低学年や幼児と遊ぶときは
● ケンケンができない子もいます。最初は両足をつけてやるとよいでしょう。

| 人数 | 鬼：1人　子：複数 |

戦略鬼

**子はタッチされないように配置し、
鬼は制限歩数以内で全員にタッチできるかで勝敗を決めます。
子は動かない、頭脳戦の鬼ごっこです。**

障害物が
あると
おもしろい

基本の遊び方

鬼始め●鬼の1歩目が鬼始め

① 遊ぶ範囲を決め、子の人数に合わせて「鬼が子をつかまえにいける歩数」を決めます。（例：10～20歩）。
② 鬼1人と子に分かれます。
③ 子は相談して、決めた歩数で全員がタッチされないように配置して立ちます。
④ 鬼は制限歩数以内でタッチします。
⑤ 全員にタッチできれば鬼の勝ち。できなければ子の勝ちです。

❶ 動きがほとんどない鬼ごっこです。子はスペースと歩数をイメージして配置を考えよう。鬼はタッチしにいく順番やコースをよく考えよう。

広さや場所を変える

範囲をせまくしたり広くしたり、公園の遊具を利用したり。歩数も変えて交代でやってみよう。

気をつけよう
● 他の人の迷惑にならない場所でやろう。

低学年や幼児と遊ぶときは
● 子の人数を減らしてやるとよいでしょう。

| 人数 | 複数×2チーム | 用意するもの | ビブスなど×人数分 |

巴陣取り

****

じゃんけんのような関係で2チームが戦う鬼ごっこ。
逃げて追いかけて、相手チームのリーダーをつかまえよう。

基本の遊び方

鬼始め● どちらかのリーダーの合図で
　　　　スタート

① 2チームに分かれ、じゃんけんのように
　 3つの役割を決めます。
② それぞれのチームでリーダーを1人決め
　 ます。
③ スタートの合図で鬼ごっこを始め、早く
　 相手のリーダーにタッチした方が勝ち。

外見で
すぐわかる
ようにしよう

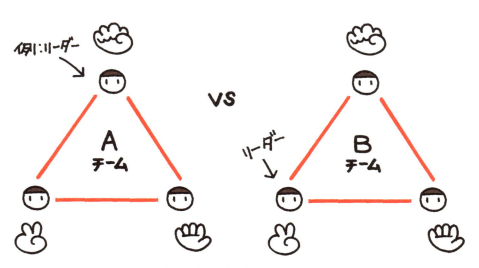

Aのリーダーは「グー」なので　Bの「パー」の人がつかまえることができる
Bのリーダーは「チョキ」なので　Aの「グー」の人がつかまえることができる

❶ みんなで協力し、チームワークよく戦おう。
❷ どの役割の人を追いかけ、どの役割の人に追われるか、常に意識しながら判断して動こう。

役割の人数を変えると、さらにむずかしく、おもしろくなるよ。

グー……3人　　チョキ……5人
パー……2人　　など

気をつけよう
● 考えることが多いので、まわりをしっかり見てぶつからないようにしよう。

低学年や幼児と遊ぶときは
● 2つの役割から始めるとよいでしょう。

巴陣取り

【著者紹介】一般社団法人 鬼ごっこ協会

遊びとスポーツの融合を目ざした方法論を展開しており、幼児からお年寄りまで愛されて
いる鬼ごっこや、協会オリジナルで開発したスポーツ鬼ごっこの普及に努めている。

【執筆】

羽崎 泰男（はざき　やすお）

（一社）鬼ごっこ協会代表理事。
日本体育大学卒業、ペンシルバニア州立
大学大学院ＭＳ取得。1984年より国立総
合児童センター「こどもの城」に勤務、体
育事業部長、企画部長、事業本部長を歴任。
現在、城西国際大学福祉総合学部兼任講師。
2015年より厚生労働省 社会保障審議会児
童部会「遊びのプログラム等に関する専門
委員会」委員。NHKプロモーション講演
会講師。
著書『鬼ごっこ』（日本小児医事出版）『元
気いっぱい！鬼ごっこ50』（ひかりのくに）
など

羽崎 貴雄（はざき　たかお）

（一社）鬼ごっこ協会理事（公認S級ライセンス指導員・審判員）。
国際スポーツ鬼ごっこ連盟理事長。
青山学院大学経済学部卒業後、（一社）鬼ごっこ協会を2010年に
設立して理事に就任する。協会では事業統括を担当する。2014
年に国際スポーツ鬼ごっこ連盟設立、理事長に就任し、スポーツ
鬼ごっこの国際化に向けた活動に従事している。

平峯 佑志（ひらみね　ゆうし）

（一社）鬼ごっこ協会（公認S級ライセンス指導員・審判員）。
国際スポーツ鬼ごっこ連盟事務局長。
日本大学法学部卒業。鬼ごっこ協会設立前の大学在学中に鬼ごっ
この普及活動に参画する。事務方の責任者として、鬼ごっこの普
及のための営業、広報、イベント企画を行う。2014年に国際ス
ポーツ鬼ごっこ連盟の設立に際して事務局長に就任する。

イラスト●桜木恵美
DTP●渡辺美知子デザイン室

****

【図書館版】スクール鬼ごっこ　鬼ごっこはスポーツだ
2018年2月14日　第1刷発行

著　者●一般社団法人 鬼ごっこ協会©
発行人●新沼光太郎
発行所●株式会社いかだ社

〒102-0072東京都千代田区飯田橋2-4-10加島ビル
Tel.03-3234-5365　Fax.03-3234-5308
E-mail info@ikadasha.jp
ホームページURL　http://www.ikadasha.jp/
振替・00130-2-572993
印刷・製本　モリモト印刷株式会社

乱丁・落丁の場合はお取り換えいたします。
Printed in Japan
ISBN978-4-87051-494-2
本書の内容を権利者の承諾なく、営利目的で転載・複写・複製することを禁じます。

****